DIE GROSSE MÄRCHEN-SCHATZTRUHE

II

Buch 1

TORMONT

II

Inhalt

Herausgeber TORMONT PUBLICATIONS INC.
Montreal, Quebec, Canada

Layout und graphische Gestaltung: Zapp
Illustrationen: Tony Wolf, Piero Cattaneo, Serverino Baraldi

Printed in Canada

ISBN 2-89429-131-0

TORMONT

Der Hase und der Igel

Es war einmal ein alter Igel, der lebte zusammen mit seinen Söhnen in einem großen Wald. Eines Tages machte sich einer der jungen Igel auf, um einige Gräser zu sammeln. Wie alle Igel, war auch er ein gemächlicher Spaziergänger. Er hatte gerade einen Kohlkopf erreicht, als ein Hase aus dem Gebüsch hervorsprang. »Bist du endlich angekommen?« fragte der Hase. »Ich beobachte dich schon seit einer halben Stunde. Hoffentlich bist du beim Essen schneller, sonst brauchst du womöglich ein Jahr, um den Kohlkopf aufzufressen!« Anstatt sich jedoch über soviel Spott zu ärgern, entschloß sich der Igel, dem Hasen einen Streich zu spielen.

Als Wanderer langsam, doch fix im Köpfchen, hatte er sogleich einen guten Plan.

»Ich kann schneller rennen als du, wenn ich will!« sagte der Igel. »Ha, ha, ha!« Der Hase schüttelte sich vor Lachen. »Du kannst niemals mit mir mithalten! Mein Großvater war der schnellste Hase seiner Zeit! Er gewann sogar eine Goldmedaille. Er war mein Trainer. Ich wette die Goldmedaille meines Großvaters, daß ich gewinne, ohne mich anzustrengen!«

Der Igel kümmerte sich nicht weiter um die Prahlereien des Hasen und nahm die Herausforderung gelassen an. »Ich treffe dich morgen unten bei der Wiese. Wir werden um die Wette laufen und sehen, wer gewinnt!«

Lachend ging der Hase davon. Der Igel aber hatte einen glänzenden Einfall. Als er nach Hause zurückgekehrt war, weihte er seinen Zwillingsbruder in den Plan ein. Am nächsten Tag machten sie sich in aller Frühe auf den Weg zur Wiese.

Bald erschien auch der Hase und lachend sagte er: »Ich werde meine Hose ausziehen, dann kann ich schneller laufen.«

Auf die Plätze! Fertig! Los! Und blitzschnell flitzte der Hase ans andere Ende der Wiese. Dort erwartete ihn schon der Igel.

»Du hast ein wenig Verspätung. Ich warte schon seit Stunden.« Keuchend und mit trockener Kehle flüsterte der Hase: »Laß es uns noch einmal versuchen.«

»Also gut«, willigte der Igel ein.

Niemals zuvor in seinem Leben war der Hase so schnell gerannt. Aber als er die andere Seite der Wiese erreichte, stand der Igel schon da. Wieder und wieder rannte der Hase verzweifelt die Strecke hin und zurück, um den Igel zu besiegen. Doch jedesmal wenn er am Ziel ankam, stand dort schon der Igel, und ließ sich als Sieger feiern.

»Vielleicht vergaß ich zu erwähnen, Freund Hase, daß mein Großvater der schnellste Igel seiner Zeit war. Nun, bekomm' ich jetzt die Goldmedaille, die du mir versprochen hast?« forderte einer der Zwillingsigel.

Der Hase wankte nach Hause, um die Goldmedaille zu holen, an deren Verlust er keinen Augenblick geglaubt hatte.

»Gott sei Dank muß mein Großvater das nicht miterleben«, sagte er, »nach all dem Training stehe ich hier, geschlagen von einem Igel!«

An diesem Abend feierten die Igel. Die Zwillinge tanzten vor Freude. Vater Igel holte sein Akkordeon heraus, und der Spaß wollte kein Ende nehmen. Glücklicherweise fand der Hase nie das Geheimnis des Rennens heraus.

Landmaus und Stadtmaus

Es war einmal eine Stadtmaus, die bei ihrem Ausflug aufs Land einer Landmaus begegnete. Sie verbrachten den Tag gemeinsam und wurden Freunde. Die Landmaus führte ihren neuen Freund über Wiesen und Gärten und zeigte ihm die schönsten Seiten des Landlebens. Die Stadtmaus war begeistert. Und um sich bei ihrem Freund für den schönen Ausflug zu bedanken, lud sie die Landmaus in die Stadt ein. Als die Landmaus die Vorratskammer im Hause ihres Freundes erblickte, die bis an die Decke mit Schinken, Käse, Honig, Marmelade und anderen Köstlichkeiten gefüllt war, war ihr Staunen groß.

»Ich habe so etwas noch nie gesehen. Sind all diese wunderbaren Dinge zum Verzehr gedacht?«

»Aber natürlich«, war die Antwort. »Du bist mein Gast, also bediene dich!«

So begannen sie, zu tafeln. Die Landmaus versuchte, sich nicht vollzustopfen, denn sie wollte von allem kosten.

»Du bist die glücklichste Maus, die ich je getroffen habe«, sagte die Landmaus. Die Stadtmaus lauschte vergnügt den Lobeshymnen ihres

Freundes, als das Geräusch schwerer Schritte ihr Festmahl unterbrach.

»Nichts wie weg«, flüsterte die Stadtmaus ihrem Freund zu.

Gerade noch rechtzeitig: Die Hausherrin war erschienen! Welch eine Aufregung! Glücklicherweise verschwand sie gleich wieder und die beiden Mäuse kehrten zu ihrer Mahlzeit zurück.

»Alles in Ordnung«, sagte die Stadtmaus, »hab keine Angst. Sie ist wieder weg. Wie wär's mit etwas Honig? Er ist köstlich!« Als die Landmaus kostete, war sie begeistert: »Wundervoll! Ich habe meinen Lebtag nichts Feineres gegessen!«

Plötzlich war wieder das Geräusch von Schritten zu hören. Die beiden Mäuse flohen erneut. Der Herr des Hauses war gekommen. Als er den ausgelaufenen Honig bemerkte, erboste er sich:

»Schon wieder diese gräßlichen Mäuse! Ich werde die Katze auf sie loslassen!« Zu Tode erschrocken versteckten sich die Mäuse. Sie waren so verängstigt, daß sie den Atem anhielten und keinen Mucks von sich gaben.

Dann, als alles wieder ruhig war, brachten sie den Mut auf, ihr Versteck zu verlassen. »Wir können jetzt wieder herauskommen! Es ist niemand mehr da«, flüsterte die Stadtmaus.

Aber plötzlich hörten sie die Küchentür knarren und die beiden Mäuse erstarrten.

Schreckliche, gelbe Raubtieraugen leuchteten durch die Dunkelheit. Eine große Katze spähte durch die Vorratskammer. Zum Glück jedoch entdeckte die Katze ein Stückchen Wurst. Sie unterbrach nach einer Weile gesättigt ihre Mahlzeit und verschob die Mäusejagd bis auf weiteres. Da verlor die Landmaus keine weitere Minute. Hastig verabschiedete sie sich von ihrem Freund und sagte:

»Hab vielen Dank für alles! Aber ich muß nun gehen. Ich möcht' viel lieber draußen auf dem Lande eine einfache Mahlzeit in Frieden verzehren, als eine Fülle von Köstlichkeiten, die mit so großen Gefahren verbunden sind!«

DIE GESCHICHTE VOM DÄUMELINCHEN

Es war einmal eine Frau, die keine Kinder bekommen konnte. Sie träumte immer von einer kleinen Tochter. Doch die Zeit verging, ohne daß sich ihr Traum erfüllte.

Sie beschloß, eine Zauberin um Hilfe zu bitten. Diese gab ihr ein verzaubertes Gerstenkorn.
Die Frau pflanzte es in einen Blumentopf und schon am nächsten Tag war aus dem Samenkorn eine liebliche Tulpe erwachsen. Da küßte die Frau sanft die Blumenblätter und wie durch ein Wunder öffnete sich die Blumenknospe. Darin saß ein klitzekleines Mädchen, kaum größer als ein Daumen. Die Frau gab ihr den Namen Däumelinchen. Es bekam eine Walnußhälfte als Bett, veilchenblaue Blumenblätter als Matratze und ein Rosenblatt als Bettdecke.

Eines Nachts, als es schon fest in ihrem Walnußbettchen eingeschlafen war, sprang eine dicke Froschmutter mitten durchs Fenster ins Zimmer. Nachdem die Froschdame Däumelinchen

eine Weile bestaunt hatte, sagte sie zu sich: »Wie hübsch sie ist. Sie würde eine wundervolle Braut für meinen Sohn abgeben.«

Sie schnappte Däumelinchen mit dem Bett und hopste zurück in den Teich. Ihr dicker, häßlicher Sohn war sehr von Däumelinchen angetan. Da Mutter Frosch befürchtete, ihre schöne Gefangene könnte wieder fortlaufen, setzte sie Däumelinchen mitten in den Teich auf das Blatt einer Wasserlilie.

Däumelinchen fühlte sich mutterseelenallein und war entsetzlich traurig.

Sie hatte jede Hoffung aufgegeben, den beiden schrecklichen Fröschen jemals wieder zu entkommen. Da konnte sie ihre Tränen nicht mehr zurückhalten und weinte sich beinahe die Augen aus. Ein vorbeiflatternder Schmetterling bemerkte ihr verzweifeltes Schluchzen und entschloß sich, sie zu retten. »Wirf mir das Ende deines Gürtels herüber! Ich helfe dir!« So kam Däumelinchen frei.

Doch schon nahten andere Gefahren. Ein großer Käfer schnappte Däumelinchen und nahm sie mit in sein Heim, das auf der Spitze eines Laubbaumes thronte.

»Ist sie nicht reizend?« fragte er seine Käferfreunde. Doch diese entschieden, sie sei viel zu fremdartig. Da trug der Käfer sie wieder den Baum herunter und ließ sie frei.

Den ganzen Sommer über wanderte Däumelinchen zwischen Blumen und hohem Gras hindurch. Doch bald brach der Winter herein, und sie begann zu frieren und zu hungern.

Eines Tages, als Däumelinchen barfuß durch die Wiesen stapfte, begegnete sie einer großen Spinne, die versprach, ihr zu helfen. Sie nahm sie mit zu einem hohlen Baum, in dem ihre Familie lebte und bot ihr getrocknete Kastanien an. Doch wie zuvor mußte Däumelinchen das Haus der Spinne verlassen, denn sie erschien ihnen zu fremdartig.

Während sie weiterzog, zitterte sie vor Kälte. Da kam sie an einer kleinen Behausung vorbei, die aus Zweigen und Laub errichtet worden war. Sie klopfte an und eine Feldmaus öffnete die Türe.

»Was machst du denn bei diesem Wetter draußen?« fragte sie. »Komm doch herein und wärme dich auf!« Das Häuschen der Feldmaus war gemütlich und mit Vorräten gefüllt. So fand Däumelinchen schließlich doch noch eine Bleibe. Eines Tages erzählte die Feldmaus von einem Freund, der sie besuchen würde:

»Er ist ein reicher Maulwurf und hat ein wunderschönes Haus. Er wünscht sich Gesellschaft und vielleicht heiratet er dich sogar!«

Doch Däumelinchen gefiel diese Idee gar nicht. Als der Maulwurf kam, verliebte er sich prompt Hals über Kopf in Däumelinchen. Er lud die Feldmaus und Däumelinchen zu sich nach Hause ein, doch . . . zu ihrer Überraschung entdeckte sie eine Schwalbe im Maulwurftunnel. Sie wirkte völlig leblos. Der Maulwurf trat mit dem Fuß nach ihr und bemerkte: »Das wird ihr eine Lehre sein! Wäre sie gleich hier unten geblieben, anstatt den ganzen Sommer über den Wolken zu schweben!« Nach einer Weile schlich sich Däumelinchen unbemerkt zu der Schwalbe zurück und gab ihr zu essen.

»Es ist sehr freundlich von dir, daß du dich um mich sorgst«, sprach die Schwalbe. Als der Frühling kam, war sie wieder so gesund, daß sie davonfliegen konnte.

Den ganzen Sommer über tat Däumelinchen ihr Bestes, um die Heirat mit dem Maulwurf zu vermeiden. Das kleine Mädchen stellte sich vor, wie es wäre, für immer unter der Erde leben zu müssen.

Am Tage ihrer Hochzeit bat sie darum, einen Tag an der frischen Luft verbringen zu dürfen. Als sie gerade vorsichtig eine Blume streichelte, ertönte ein ihr vertrautes Lied. Die Schwalbe rief sie: »Komm mit mir!« Däumelinchen klammerte sich an die Schwalbe, und der Vogel erhob sich in die Lüfte. Sie flogen über Berge und Täler, bis sie schließlich in das Blumenland kamen. Dort erwartete sie ein kleiner, weißgeflügelter Märchenprinz: Der Herrscher über das Märchenland der Blumen. Auf der Stelle hielt er um Däumelinchens Hand an. Überglücklich rief Däumelinchen »JA«. Da breiteten sich kleine weiße Flügel aus, und Däumelinchen wurde zur Königin des Blumenlandes.

Der Fuchs und der Storch

Es war einmal ein listiger Fuchs, der einem Storch einen Streich spielen wollte. Also lud er ihn zum Essen ein. Er hatte zum Abendessen eine leckere Suppe gekocht, die er auf zwei flachen Tellern servierte.

»Ich wünsche guten Appetit, Herr Storch«, grinste der Fuchs. »Ich hoffe, die Froschsuppe mit Petersilie ist nach Ihrem Geschmack.«

»Vielen Dank, Herr Fuchs«, erwiderte der Storch. Er erkannte sofort, daß er die Suppe in dem flachen Teller mit seinem langen Schnabel nicht essen konnte, so sehr er sich auch bemühte. Er ließ sich jedoch nichts anmerken und sprach zum Fuchs: »Bedauerlicherweise habe ich heute solches Kopfweh, daß mir der Appetit vergangen ist. Um mich für diesen schönen Abend zu bedanken, müßt Ihr mir jedoch erlauben, Euch morgen in meinem Haus zu bewirten.«

Lachend vor Schadenfreude über seinen gelungenen Streich, willigte der Fuchs ein.

Am folgenden Abend wurde der Fuchs herzlich begrüßt: »Ich habe heute ein besonders leckeres Mahl zubereitet: Rehragout in Weißwein mit Wacholderbeeren.« Dem Fuchs lief das Wasser im Munde zusammen. Doch trotz aller Anstrengungen konnte er das Essen mit seiner Schnauze nicht aus dem hohen Krug fressen. Voller Genugtuung trällerte der Storch: »Wer zuletzt lacht, lacht am besten.« Während dem Fuchs, der hungrig zurück in seinen Bau schlich, ein altes Sprichwort in den Sinn kam: »Wer andern eine Grube gräbt, fällt selbst hinein!«

Buch 1

DIE GROSSE MÄRCHEN-SCHATZTRUHE

II

Buch 2

TORMONT

Es war einmal...

... ein schönes, bezauberndes Mädchen, das sehr traurig war ...

Aschenputtel

Es war einmal ein schönes, bezauberndes Mädchen, das sehr traurig war. Denn seine Mutter war gestorben. Nach einer Weile heiratete der Vater eine andere Frau. Unglücklicherweise konnten die Stiefmutter und die Stiefschwestern es kein bißchen leiden. Während die Stiefschwestern die schönen Seiten des Lebens genießen durften, wurde das arme Mädchen behandelt wie eine Dienstmagd. Den ganzen Tag mußte es hart arbeiten und nur am Abend war es ihm erlaubt, ein wenig am Kamin, neben der Asche zu sitzen. So bekam es auch seinen Spitznamen: Aschenputtel. Aschenputtel verbrachte viele Stunden damit, sich mit der Katze zu unterhalten.

Die Katze antwortete stets mit »Miau«, was eigentlich heißen sollte: »Kopf hoch! Du hast etwas, was deine Schwestern nicht haben: Du bist schön.«

Wie recht sie hatte. Selbst in Lumpen gehüllt und mit rußgeschwärztem Gesicht war Aschenputtel ein entzückendes Mädchen. Ihre Stiefschwestern hingegen konnten noch so schöne und elegante Kleider anziehen, sie wirkten immer nur plump und häßlich.

Eines Tages wurden wunderschöne neue Kleider ins Haus geliefert. Am Hofe sollte ein Ball stattfinden und die Stiefschwestern richteten sich dafür her. Aschenputtel wagte gar nicht zu fragen: »Und was ist mit mir?« Sie kannte die Antwort nur allzu gut.

»Du? Du bleibt zu Hause, spülst das Geschirr und wischst den Fußboden.«

»Herrjemine! Ich bin ja so unglücklich!« seufzte Aschenputtel der Katze zu.

Da geschah plötzlich etwas Unglaubliches: Ein helles Licht flammte auf und eine Fee erschien!

»Hab keine Angst, Aschenputtel«, sagte die Fee. »Der Wind hat mir dein Seufzen zugetragen. Ich weiß, du würdest für dein Leben gern zum Ball gehen. Und so soll es sein!«

»Wie denn? Etwa in meinen Lumpen?« entgegnete Aschenputtel.

Die Fee lächelte. Mit einer einzigen Bewegung ihres Zauberstabes... kleidete sie Aschenputtel in ein wunderschönes Ballkleid.

»Nun«, sagte die Fee, »brauchen wir noch eine Kutsche! Eine echte Dame würde niemals zu Fuß auf einen Ball gehen.«

»Schnell! Besorge mir einen Kürbis!« befahl sie.

»O ja, natürlich«, sagte Aschenputtel und eilte davon. Dann wandte sich die Fee an die Katze: »Schaff mir sieben Mäuse herbei.«

Bald war Aschenputtel mit einem schönen Kürbis zurück und die Katze erschien mit sieben Mäusen, die sie im Keller gefangen hatte.

»Gut!« rief die Fee. Durch die Drehung ihres Zauberstabes... verwandelte sich der Kürbis in eine funkelnde Kutsche und die Mäuse wurden zu sechs weißen Pferden, während sich die siebente Maus in einen Kutscher verwandelte. Aschenputtel traute ihren Augen nicht.

»Nun, geh und genieße das Fest. Der Prinz wird von deiner Anmut entzückt sein. Aber vergiß nicht! Du mußt um Mitternacht gehen, denn dann endet der Zauber. Deine Kutsche wird wieder zum Kürbis und die Pferde mitsamt dem Kutscher zu Mäusen... Und du wirst wieder in Lumpen gekleidet sein und Pantoffeln tragen, anstatt dieser zierlichen Schuhe.«

Aschenputtel lächelte und antwortete: »Ja, natürlich! Tausend Dank, liebe Fee!«

Als Aschenputtel den königlichen Ballraum betrat, wurde es still. Alle Anwesenden hielten inne, um ihre Eleganz, ihre Schönheit und ihren Liebreiz zu bewundern.

»Wer kann das sein?« fragten sie sich. Sogar die beiden Stiefschwestern hätten niemals vermutet, daß das wunderschöne Mädchen in Wahrheit das arme Aschenputtel war . . .

Als der Prinz sie sah, ging er auf sie zu, verbeugte sich tief und bat um einen Tanz. Den ganzen Abend tanzte der Prinz mit Aschenputtel.

»Wer bist du, edles Fräulein?« hörte der Prinz nicht auf zu fragen.

Doch Aschenputtel antwortete nur: »Es spielt doch keine Rolle wer ich bin, du wirst mich ohnehin niemals wiedersehen.«

»Oh, doch, ich bin ganz sicher«, entgegnete er.

Aschenputtel vergnügte sich auf dem Ball . . . Doch da, mit einem Mal, hörte sie eine Uhr schlagen: Mitternacht. Sie entsann sich der Worte der Fee, verabschiedete sich eilig von dem Prinzen, und rannte die Palaststufen hinunter. Doch wie sie davoneilte, verlor sie einen Schuh. Sie hatte keine Zeit, ihn aufzuheben. Wenn der letzte Schlag der Uhr ertönte . . . Oh . . . wie schrecklich wäre das! Sie floh aus dem Schloß und verschwand in der Dunkelheit.

Der Prinz, der sich unsterblich in sie verliebt hatte, hob den Schuh auf und sprach zu seinen Ministern:

»Geht und sucht überall nach dem Mädchen, dessen Fuß in diesen Schuh paßt. Ich werde nicht ruhen, bis ich sie gefunden habe.«

Also zogen die Minister aus und ließen alle Mädchen des Königreiches den Schuh anprobieren. Doch nicht einer von ihnen wollte er passen. Schließlich kamen sie zu Aschenputtels Haus. Die beiden Stiefschwestern versuchten vergeblich, ihre großen Füßen in den zierlichen Schuh zu zwängen. Da bemerkte einer der Minister Aschenputtel und bat sie, den Schuh anzuziehen. Er paßte wie angegossen!

Genau in diesem Augenblick erschien die Fee und hob ihren Zauberstab. Er blitzte auf und Aschenputtels Lumpen verwandelten sich in ein prächtiges Kleid. Ihre Stiefmutter und ihre Stiefschwestern starrten sie mit offenen Mündern an und die Minister sprachen:

»Kommt mit uns, edles Fräulein! Der Prinz erwartet Euch sehnsüchtig!«

So fuhr Aschenputtel überglücklich zum Schloß und lebte fortan für immer mit dem Prinzen zusammen. Und was die Katze angeht, die sagte einfach nur »Miau«.

DORNRÖSCHEN

Es war einmal eine Königin, die ein wunderschönes Töchterlein bekommen hatte. Sie lud alle Feen im Königreich zur Taufe ein. Doch vergaß sie unglücklicherweise eine einzuladen, und eben jene konnte hexen. Sie kam dennoch und als sie an der Wiege des Kindes stand, sagte sie:

»Wenn du sechzehn Jahre alt bist, sollst du dich an einer Spindel stechen und sterben!«

»O nein!« schrie die Königin entsetzt auf. Und schnell sandte eine gute Fee einen Zauberspruch hinterher, um den Fluch zu mildern: Wenn sie sich stach, so sollte sie in einen tiefen Schlaf fallen, anstatt zu sterben.

Die Zeit verging. Die kleine Prinzessin wuchs heran und bald war sie das schönste Mädchen im ganzen Königreich. Ihre Mutter achtete stets darauf, sie von Spindeln fernzuhalten.

Doch an ihrem 16. Geburtstag streifte sie durch das Schloß und kam zu einem Zimmer, in dem eine alte Dienstmagd am Spinnrad saß.

Bevor die Magd noch eingreifen konnte, berührte das Mädchen die Spindel und sank mit einem Seufzer zu Boden. Die königlichen Ärzte und Zauberer wurden herbeigerufen, doch vergebens. Die Prinzessin konnte nicht aus seinem tiefen Schlaf erweckt werden. Auch die gute Fee kam.

»Wann wird meine Tochter wieder erwachen?«

»Ich weiß nicht genau«, antwortete die Fee traurig, »vielleicht in hundert Jahren. Wer weiß.«

»Oh, was würde sie denn erwecken?« fragte die Königin und weinte.

»Liebe«, entgegnete die Fee. »Sollte ein Mann mit reinem Herzen sich in sie verlieben, so würde sie das wieder zum Leben erwecken.«

Die schlafende Prinzessin wurde in ihr Zimmer gebracht und auf Blumen gebettet. Sie war so wunderschön mit einem solch reizenden Gesicht, daß die Fee zu sich sagte:

»Wen wird sie nur entdecken müssen, wenn sie erwacht ist? Fremde Gesichter und Menschen, die sie nicht kennt! Das kann ich nie und nimmer zulassen!« So belegte die Fee das Schloß mit einem Zauber und jeder innerhalb seiner Mauern verfiel in einen tiefen Schlaf, wo immer er auch gerade war.

»Wenn die Prinzessin aufwacht«, dachte die Fee, »werden alle Menschen die sie kennt und liebt ebenfalls aufwachen.« Dann verließ sie das Schloß, das jetzt in tiefer Stille lag. Nicht ein Laut war zu hören, nur der Wind pfiff um die Türme.

Die Jahre vergingen. Die Bäume im Schloßgarten wuchsen in die Höhe. Die Büsche wurden dichter und verwucherten, das Gras sproß auf dem Hofplatz und die Kletterpflanzen wanderten an den Mauern empor. Nach hundert Jahren war das Schloß hinter einem dichten Wald versteckt.

Zu dieser Zeit begab es sich, daß ein junger, stattlicher Prinz in diese Gegend kam. Er streifte auf seinem treuen Roß durch die Lande und kam eines Tages in die Nähe des dunklen Waldes. Aus schierer Abenteuerlust beschloß er, ihn zu erkunden. Langsam bahnte er sich seinen Weg durch das dichte Gestrüpp aus Bäumen und Büschen. Wenige Stunden später glaubte er, durch die Bäume hindurch etwas erkennen zu können. Er schob einige Zweige zurück... Welche Überraschung! Da, genau vor ihm, stand ein Schloß.

»Ich frage mich, wer hier wohnt?« dachte er.

Der junge Prinz ritt auf das Schloß zu. Die Zugbrücke war heruntergelassen und als er sie überquerte, sah er die Schloßbewohner überall auf den Treppen und Hofplätzen und in den Hallen liegen.

»Gütiger Gott! Sie sind tot!« dachte er entsetzt. Dann stellte er fest, daß sie nur alle in tiefem Schlaf lagen. »Wacht auf! Wacht auf!« rief er. Doch niemand rührte sich. Schließlich kam der Prinz in das Zimmer, in dem die Prinzessin schlief. Eine ganze Weile stand er da und blickte in ihr friedliches, liebliches und reines Gesicht. Plötzlich merkte er, daß die Liebe, nach der er so lange gesucht und die er niemals gefunden hatte, ihn nun plötzlich überkam. Von seinen Gefühlen überwältigt, hob er die kleine weiße Hand hoch und küßte sie zärtlich.

Mit diesem Kuß öffneten sich die Augen der Prinzessin und sie erwachte aus ihrem langen, tiefen Schlaf.

»Oh, du bist also doch gekommen. So lange warte ich nun schon in meinen Träumen auf dich!«

Da war der Zauber gebrochen. Die Prinzessin erhob sich und mit ihr erwachte das ganze Schloß. Der ganze Hofstaat umringte die Prinzessin, die noch schöner und glücklicher war als je zuvor. Wenige Tage darauf war das Schloß erfüllt von Musik, Gesang und dem Klang fröhlichen Gelächters. Es wurde ein großes Fest zu Ehren der Vermählung des Prinzen und der Prinzessin gefeiert, die von nun an für immer glücklich zusammenlebten.

Der eitle Hirsch

Es war einmal ein Hirsch . . . der schrecklich eitel war. Sooft er zum Trinken an den Fluß kam, blieb er stehen und betrachtete sein Spiegelbild. »Ich bin ja so schön«, sagte er sich dann, »außerdem habe ich das stattlichste Geweih im ganzen Wald.«

Wie alle Hirsche hatte er lange schlanke Beine. Doch man erzählte sich, daß er sich lieber ein Bein brechen würde, als auch nur die allerkleinste Spitze seines Geweihs zu verlieren. Armer dummer Hirsch! Wie eingebildet er doch war.

Eines Tages, als er gerade friedlich auf der einladenden Wiese eines Jagdreviers graste, vernahm er entfernte Schüsse und das Bellen von Hunden . . . Seine Feinde! Er wußte, würden die Hunde erst einmal seine Fährte aufgenommen haben, wäre es kein Leichtes mehr, ihnen zu entkommen. Er mußte so schnell wie möglich fliehen. Als er durch den Wald hetzte, konnte er schon das Kläffen der Meute hören, die ihm auf den Fersen war.

Plötzlich verfing er sich mit seinem Geweih im niedrigen Geäst eines Baumes. Er schüttelte den Kopf und versuchte freizukommen, doch er hatte sich schon ganz verkeilt. Die Hunde kamen immer näher und näher an ihn heran. Kurz bevor der Hirsch von seinem Schicksal ereilt wurde, waren seine letzten Gedanken: »Welch einen Fehler habe ich nur gemacht! Nicht mein Geweih ist mein wichtigstes Körperteil, sondern meine Beine. Sie hätten mich in Sicherheit gebracht, während mein Geweih mir nun den Tod bringt.«

Buch 2

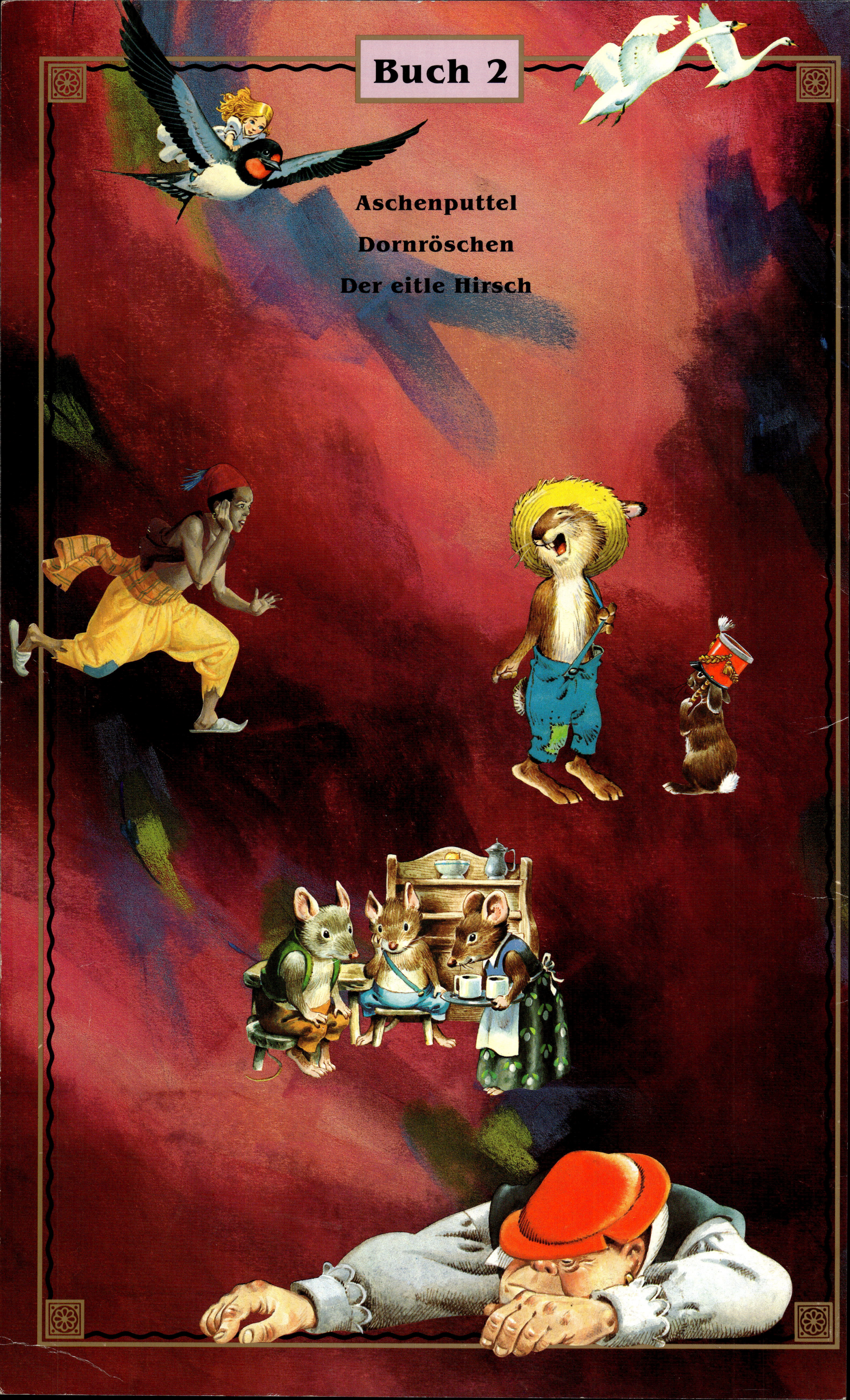

DIE GROSSE MÄRCHEN-SCHATZTRUHE

II

Buch 3

TORMONT

Es war einmal...

ein Junge namens Aladin, der lebte im Mittleren Osten. Dies ist die Geschichte von Aladin und der Wunderlampe, die auch wir heute noch alle gern finden würden.

Aladins Abenteuer

Es war einmal eine Witwe, deren einziger Sohn hieß Aladin. Die beiden waren sehr arm und mußten von der Hand in den Mund leben. Aladin tat sein Bestes, um einige Pfennige hinzu zu verdienen, indem er an weit entfernten Orten bei der Bananenernte half.

Eines Tages, Aladin war gerade dabei, einige wilde Feigen in einem Hain zu pflücken, begegnete ihm ein geheimnisvoller Fremder. Der gut gekleidete Herr stellte Aladin eine ungewöhnliche Frage:
»Wie würdest du dir gern eine Silbermünze verdienen?«

»Eine Silbermünze?« rief Aladin. »Dafür würde ich einfach alles tun!«

»Dann klettere durch diese Luke. Ich selbst bin leider zu dick, um mich hindurchzuzwängen. Du bekommt eine Belohnung, wenn du tust, was ich dir sage.«

Schlank und behend wie der Junge war, gelang ihm dies mühelos.

Als seine Füße den Boden berührten, machte er einen Schritt nach vorne. Er befand sich in einem Kellergewölbe, in dem sich ihm ein wundervoller Anblick bot: Im Schein eines flackernden Öllichtes entdeckte er juwelenbehangene Bäume, Töpfe voller Gold und Truhen gefüllt mit unbezahlbaren Edelsteinen. Eine Schatzkammer! Aladin traute seinen Augen nicht. Da rief eine Stimme hinter ihm:

»Die Lampe! Mach die Lampe aus und bring sie zu mir!«

»Komisch, warum denn nur die Lampe?« wunderte sich Aladin. »Bestimmt ist er ein Zauberer!«

»Gib mir endlich die Lampe!« schrie der Zauberer. »Sonst sperre ich dich da unten ein.«

»Laß mich zuerst raus . . .«

Zu spät! Wütend warf der Fremde die Luke zu. Doch dabei verlor er seinen Ring. Zurück blieb ein völlig verängstigter Aladin. In der Dunkelheit trat er auf den Ring, hob ihn auf und setzte ihn sich auf den Finger. Er drehte ihn hin und her. Da plötzlich war der Raum lichtdurchflutet, und ein riesengroßer Geist erschien!

»Zu Befehl, Herr«, sprach er.

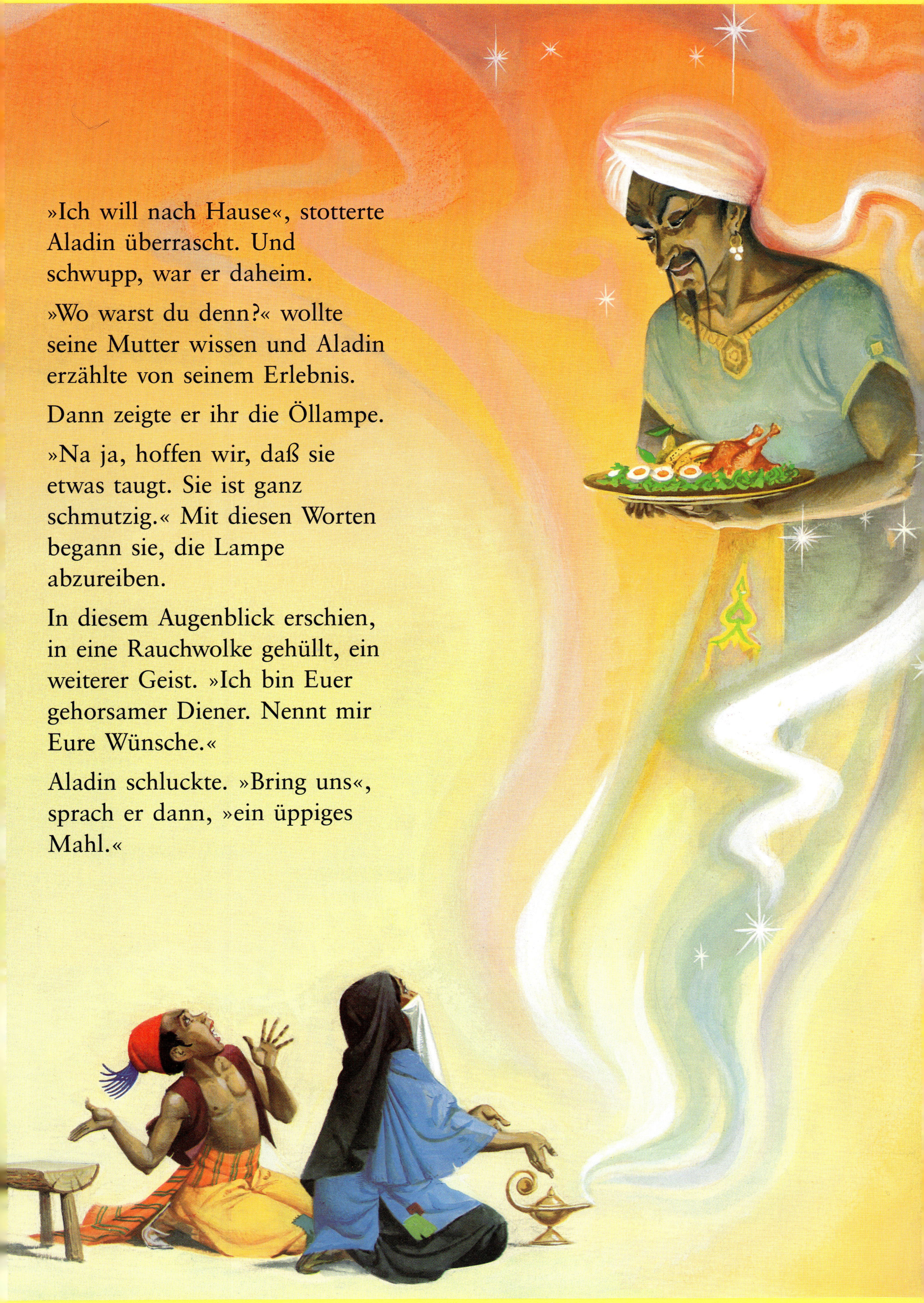

»Ich will nach Hause«, stotterte Aladin überrascht. Und schwupp, war er daheim.

»Wo warst du denn?« wollte seine Mutter wissen und Aladin erzählte von seinem Erlebnis.

Dann zeigte er ihr die Öllampe.

»Na ja, hoffen wir, daß sie etwas taugt. Sie ist ganz schmutzig.« Mit diesen Worten begann sie, die Lampe abzureiben.

In diesem Augenblick erschien, in eine Rauchwolke gehüllt, ein weiterer Geist. »Ich bin Euer gehorsamer Diener. Nennt mir Eure Wünsche.«

Aladin schluckte. »Bring uns«, sprach er dann, »ein üppiges Mahl.«

Von diesem Tag an bekamen Aladin und seine Mutter alles, was sie sich ersehnten: Essen, Kleider und ein schönes Zuhause. Der Geist ermöglichte ihnen jeden Wunsch. Aladin wuchs zu einem gut aussehenden jungen Mann heran, und seine Mutter machte sich Gedanken um eine baldige Vermählung.

Eines Tages geschah es, daß Aladin die Tochter des Sultans erblickte, die in einer Sänfte durch die Straßen getragen wurde. Er erhaschte nur einen kurzen Blick von ihr. Doch das genügte ihm: er wollte sie zur Frau. Als er dies seiner Mutter erzählte, beeilte sie sich zu sagen:

»Ich gehe zum Sultan und bitte um die Hand seiner Tochter.«

Sie erreichte den Palast mit einer Schatulle voller Diamanten für den Sultan.

»Wenn Aladin meine Halima heiraten will, soll er mir morgen vierzig Sklaven schicken. Jeder Sklave muß ein Kästchen mit wertvollen Steinen mitbringen. Und vierzig arabische Krieger müssen diesen Schatz begleiten.«

Aladins Mutter ging nach Hause. Nachdem Aladin die Neuigkeiten gehört hatte, nahm er die Lampe und rieb sie fester denn je. Alsdann erklärte er dem Geist, was er benötigte. Dieser klatschte einfach dreimal in die Hände und es erschienen vierzig Sklaven mit Edelsteinen, begleitet von vierzig Kriegern. Als der Sultan all dies sah, nahm er Aladin als seinen Schwiegersohn an. Es wurde eine großartige Hochzeit.

Doch dann verlangte er, daß Aladin für Halima einen Palast baue. Sogleich eilte Aladin nach Hause und forderte den Geist auf, einen Palast zu bauen.

Die Nachricht von Aladins Glück und Reichtum verbreitete sich wie ein Lauffeuer. Eines Tages blieb ein fremder Händler unter den Fenstern des Palastes stehen.

»Tausche alte Lampen gegen neue!« rief er der Prinzessin zu. Aladin hatte nie mit Halima über das Geheimnis der Lampe gesprochen. Da sie ihrem Gatten eine nette Überraschung bereiten wollte, holte sie die Lampe und tauschte sie gegen eine neue ein.

Sofort fing der Händler an, die Lampe zu reiben . . . und der Geist gehorchte wieder den Befehlen des Zauberers, der nun wieder im Besitz der alten Öllampe war.

Im nächsten Augenblick zauberte er alles, was Aladin besaß, einfach weg und den Palast mit der Prinzessin schickte er in ein unbekanntes Land. Aladin und der Sultan wußten weder ein noch aus. Niemand wußte, was geschehen war.

Da erinnerte sich Aladin an den Geist in seinem Ring und er begann den Ring hin und her zu drehen.

»Bringe mich an den Ort, an dem der Zauberer meine Frau versteckt hat«, befahl er dem Geist. Im nächsten Augenblick fand er sich in seinem eigenen Palast wieder, wo er durch einen Vorhang hindurchspähte und die Prinzessin als Dienerin des Zauberers sah.

»Pstt! Psst!« zischte Aladin.

»Du bist es! Aladin!«

»Schtt . . . Paß auf, daß er dich nicht hört. Nimm dieses Pulver und schütte es in seinen Tee.«

Das Pulver tat schnell seine Wirkung, und der Zauberer fiel in einen tiefen Schlaf. Aladin suchte überall nach der Lampe und fand sie schließlich unter dem Kissen des Zauberers. Er rieb sie hastig.

»Willkommen daheim, Meister. Ich bin froh, daß Ihr zurück seid. Was kann ich für Euch tun?« lächelte der Geist.

»Lege zuallererst diesen bösen Zauberer in Ketten und sende ihn an einen Ort, an dem er niemals wieder gefunden wird.« Der Geist grinste erfreut, nickte mit dem Kopf und der Zauberer verschwand. Halima klammerte sich furchtsam an ihren Gatten:

»Was geht hier vor? Wer ist dieser Geist?«

»Mach dir keine Sorgen, es ist alles in Ordnung«, versicherte Aladin. Dann erzählte er ihr die ganze Geschichte. Alles wurde wieder gut, und das glückliche Paar umarmte sich zärtlich.

»Können wir in unser eigenes Königreich zurückkehren?« fragte die Prinzessin, die an ihren Vater dachte.

»Derselbe Zauber, der dich hierher brachte, wird dich auch zurückbringen. Doch dieses Mal mit mir an deiner Seite und zwar für immer.«

Unterdessen war der Sultan ganz krank vor Sorge. Niemand hegte noch die Hoffung, das Paar jemals wiederzusehen, als Aladin in weiter Ferne die Lampe rieb:

»Bring den Palast, meine Frau und mich zurück in unser eigenes Land«, forderte er den Geist auf.

»Sofort«, entgegnete dieser. Er schnippte mit den Fingern und der Palast erhob sich in die Lüfte, um in des Sultans Königreich zu fliegen. Sanft landete er an seinem alten Platz. Aladin und Halima beeilten sich den Sultan zu umarmen.

Bis zum heutigen Tage kann man in einem weit entfernten Land die Ruinen eines Palastes bewundern, den die Leute »Der Palast der vom Himmel kam« nennen.

Das Mädchen mit den Streichhölzern

Es war einmal ... ein kleines Mädchen, das sich ganz allein seinen Lebensunterhalt verdienen mußte. So verkaufte es auf der Straße Streichhölzer.

Es war Silvesterabend, und die verschneiten Straßen waren menschenleer. Aus hell erleuchteten Fenstern vernahm man den Klang lachender und singender Stimmen. Überall bereiteten sich die Menschen auf das Neujahrsfest vor. Nur die kleine Streichholzverkäuferin saß in einem zerrissenen Kleid zitternd neben einem Brunnen. Nur in ihren abgetragenen Schal eingehüllt fror sie ganz bitterlich. Den ganzen Tag hatte sie nicht eine einzige Schachtel verkauft und ihre Finger waren ganz steif vor Kälte. Wenn sie doch nur ein Streichholz anzünden könnte! Mit zitternden Fingern nahm sie eines heraus und zündete es an.

Oh, wie gut das tat! Das kleine Mädchen wärmte seine Hand über der Flamme. Plötzlich tauchte wie durch eine Zauberhand ein Ofen auf, aus dem helle Flammen loderten.

Das Streichholzmädchen streckte seine Hände der Erscheinung entgegen. Doch als das Streichholz erlosch, verschwand auch die Erscheinung. Die Nacht erschien ihr nun noch schwärzer und kälter als zuvor.

Sie zündete ein weiteres Streichholz an der Wand an. Dieses verwandelte sich in eine riesige Glaswand, hinter der ein Tisch voller Essen stand. Das kleine Mädchen streckte die Arme nach den Leckereien aus. Doch da erlosch das Streichholz und der Zauber war gebrochen. Die Arme! Nur kurz hatte sie einen Blick auf all das Schöne erhaschen können, das ihr das Leben immer versagt hatte. Ihre Augen füllten sich mit Tränen.

Sie zündete ein drittes Streichholz an. Da geschah etwas noch Wunderbares: Vor ihr stand ein Christbaum! Über und über geschmückt mit Kerzen, glitzerndem Lametta und bunten Kugeln. »Oh, wie wundervoll!« rief das Mädchen. Doch da verbrannte sie sich die Finger und das Streichholz ging aus. Und mit ihm löste sich der Weihnachtsbaum in nichts auf.

Ohne genau zu wissen, was sie tat, zündete die kleine Verkäuferin ein weiteres Zündholz an. Dieses Mal sah sie ihre Großmutter.

»Großmutter, bleib bei mir!« flehte sie, während sie ein Zündholz nach dem anderen anriß, damit ihre Großmama nicht ebenso verschwand wie die anderen Erscheinungen. Die alte Dame verschwand nicht, sondern lächelte ihr zu. Dann öffnete sie ihre Arme und das kleine Mädchen umarmte sie weinend: »Bitte, Omi, nimm mich mit!«

Ein kalter Morgen graute, eine schwache Sonne schien auf den Brunnen und die vereiste Straße. Ganz in der Nähe lag der leblose Körper eines kleinen Mädchens, umgeben von lauter abgebrannten Streichhölzern.

Doch das Lächeln auf ihrem Gesicht zeigte, daß sie weit, weit weg war. An einem Ort, an dem es weder Hunger, Kälte noch Schmerzen gab.

NARZISS

Einst lebte im alten Griechenland ein schöner Jüngling namens Narziß. Narziß war sehr stolz auf sein wohlgeformtes Gesicht und seinen makellosen Körper. Sooft er konnte, betrachtete er sein Spiegelbild im Wasser. Stundenlang konnte Narziß seine dunklen Augen, die gerade Nase, die schmalen Hüften und seine Lockenpracht bewundern.

Eines Tages spazierte er an einem Bergbach entlang.

»Du siehst gut aus!« bemerkte er zufrieden. Er beugte sich nach vorne, um sich besser bewundern zu können.

Da übermannte ihn plötzlich der Wunsch, sein eigenes Bild zu küssen. Der schöne junge Mann neigte sich nach unten. Doch da . . . plötzlich verlor er das Gleichgewicht und fiel ins Wasser! Narziß konnte nicht schwimmen und mußte jämmerlich ertrinken. Als die Götter merkten, daß das schönste Menschenkind auf Erden gestorben war, beschlossen sie, dieser Schönheit ein Denkmal zu setzen.

Sie verwandelten Narziß in eine duftende Blume, die jedes Frühjahr erblüht und den Namen Narzisse trägt.

Buch 3

Aladins Abenteuer

Das Mädchen mit den Streichhölzern

Narziß

DIE GROSSE MÄRCHEN-SCHATZTRUHE

II

Buch 4

TORMONT

HANS UND DIE BOHNENSTANGE

Es war einmal . . . eine arme Witwe, die lebte mit ihrem Sohn Hans in einem kleinen Häuschen. Ihr ganzes Hab und Gut bestand aus einer einzigen Milchkuh. Als die Kuh alt geworden war, beauftragte die Mutter ihren Sohn damit, das Tier zu verkaufen. Auf seinem Weg zum Markt begegnete der Junge einem Fremden.

»Ich biete dir fünf Zauberbohnen für deine Kuh«, sagte der Fremde. Hans dachte, daß dies ein gutes Angebot sei und schlug in das Geschäft ein. Doch zu Hause angekommen, war seine Mutter fassungslos.

»Wie konntest du nur? Wir benötigen das Geld, um ein Kalb zu kaufen. Nun haben wir gar nichts und sind ärmer als zuvor. Nur ein Dummkopf kann eine Kuh gegen fünf Bohnen eintauschen.«

Mit diesen Worten nahm sie die fünf Bohnen und warf sie zum Fenster hinaus.

Am nächsten Morgen trat Hans vor die Tür. Da bot sich ihm ein unglaubliches Bild. Über Nacht war eine riesengroße, endlos hohe Bohnenstange in den Himmel gewachsen, die weit in die Wolken reichte.

»Die Bohnen müssen also doch verzaubert gewesen sein«, dachte Hans glücklich und von seiner Neugier getrieben, kletterte der Junge an der Pflanze empor. Als er die Spitze erreicht hatte, befand er sich über den Wolken. Er sah sich in höchster Verwunderung um. Plötzlich erblickte Hans ein großes steinernes Schloß.

»Ich möchte wissen, wer da wohnt«, dachte er. Vorsichtig betrat er eine Wolke und als er sicher war, daß sie ihn auch trug, lief er auf das Schloß zu. Dort klopfte er mehrmals gegen eine riesige Tür.

»Was tust du hier?« donnerte eine Stimme. Er fand sich der dicksten Frau gegenüber, die er je in seinem Leben gesehen hatte. Hans konnte nur stottern:

»Ich habe mich verlaufen und bin sehr hungrig.« Die Frau, die Kinder mochte, sah ihn freundlich an: »Komm schnell rein. Ich gebe dir eine Tasse Milch. Aber sei vorsichtig, denn mein Gatte, der Riese, frißt Kinder. Sobald du ihn kommen hörst, mußt du dich sofort verstecken.«

Hans zitterte vor Angst, aber dennoch folgte er ihr. Er hatte fast seine Milch ausgetrunken, als er ein lautes Geräusch hörte.

»Hisch, husch, heisch, ich rieche, rieche Menschenfleisch«, brüllte der Riese. »Versteck dich! Schnell!« flüsterte die Frau. »Rieche ich ein Menschenkind?« schnupperte der Riese und sah sich um.

»Ein Kind?« wiederholte die Frau. »Überall siehst oder hörst du Kinder. Das ist wohl alles, an was du denken kannst. Setz dich hin und iß.« Der Riese füllte einen Krug mit Wein und trank ihn zum Abendessen.

Nach dem Abendbrot zählte der Riese seine Goldstücke und schlief bald darauf ein. Da schlich Hans aus seinem Versteck, sah die Goldstücke auf dem Tisch und stopfte sich ein kleines Säckchen mit Münzen voll.

»Hoffentlich erwischt er mich nicht, sonst frißt er mich mit Haut und Haar«, dachte der Junge ängstlich.

Dank all der Goldstücke würden seine Mutter und er reich sein.

Hans rannte so schnell er konnte über den Wolkenpfad.

Als er endlich den Gipfel der Bohnenstange erreicht hatte, begann er flugs herabzusteigen. Unten angekommen, erwartete ihn seine Mutter:

»Wo warst du denn? Ich habe mir Sorgen gemacht! Was ist das für eine Pflanze? Warum . . .« Indem Hans das Goldsäckchen vor ihr entleerte, unterbrach er ihren Redefluß.

»Siehst du, es hat sich gelohnt, die Kuh für die Zauberbohnen einzutauschen.«

Und er erzählte, was ihm widerfahren war.

Mit den Goldstücken kauften Hans und seine Mutter sich vieles, was sie noch nie zuvor besessen hatten. Sie waren beide sehr glücklich. Aber in kürzester Zeit war das Geld aufgebraucht. So beschloß Hans, ein weiteres Mal zu dem Schloß in den Wolken hinaufzuklettern. Und wieder ging er dort in die Küche und versteckte sich. Bald darauf erschien der Riese und setzte sich zum Essen hin.

Danach stellte er eine Henne vor sich auf den Tisch. Das Huhn legte goldene Eier! Hans wartete, bis der Riese einschlief, sprang aus seinem Versteck, schnappte sich das Huhn und rannte aus dem Schloß. Unglücklicherweise erwachte der Riese durch das Gegacker der Henne.

»Dieb! Dieb!« schrie er. Aber Hans war schon über alle Berge. Und wieder erwartete ihn seine Mutter am Fuße der Bohnenstange.

»Ist das alles, was du gestohlen hast? Eine Henne?« fragte seine Mutter.

»Wart's ab«, entgegnete er. Kurz darauf legte das Huhn ein goldenes Ei. Tatsächlich legte das Hund jeden Tag ein Ei.

Inzwischen waren Hans und seine Mutter sehr reich. Sie beauftragten Zimmerleute damit, ihr Haus ganz neu zu bauen und richteten es mit vielen schönen Dingen ein. Ihre alte Hütte wurde zu einem prachtvollen Heim.

Hans und seine Mutter hatten jedoch die Jahre der Armut nicht vergessen und so hießen sie jeden Wanderer willkommen, der an ihre Tür klopfte. Reichtum macht nicht immer glücklich. Die Mutter von Hans wurde plötzlich sehr krank. Doch nicht einer der vielen Ärzte, die sie untersuchten, fand heraus, um welche Krankheit es sich handelte. Die Witwe war traurig, aß immer weniger und wollte vom Leben nichts mehr wissen. Sie lächelte ganz selten und auch nur dann, wenn Hans in ihrer Nähe war. Vergeblich bemühte er sich, sie aufzuheitern.

Hans war verzweifelt und wußte nicht, was er tun sollte. All das Gold der Henne nutzte nichts, um seine Mutter wieder gesund zu machen. Da hatte er eine andere Idee.

»Wie wär's, wenn ich zurück zum Schloß des Riesen ginge. Vielleicht finde ich dort die Antwort«, dachte er. Eines Abends nahm er all seinen Mut zusammen und kletterte die Bohnenstange hoch. Diesmal gelangte er durch ein offenes Fenster in das Schloß. Er schlich in die Küche und versteckte sich in einem riesigen Topf. Nach dem Abendessen holte der Riese seine Zauberharfe hervor. Während er den süßen Klängen der Harfe lauschte, schlief er ein. Auch Hans ließ sich durch das Lied der Harfe verzaubern. Und als er den Riesen endlich laut schnarchen hörte, kletterte er rasch auf den Tisch und rannte mit der Harfe davon. Doch das Instrument weckte den Riesen:

»Meister, Meister! Wach auf! Ein Dieb nimmt mich mit!« schrie es. Der Riese erwachte urplötzlich und verfolgte Hans. Und der nahm die Beine in die Hand.

Endlich an der Bohnenstange angelangt, rutschte er schnell hinunter. Unten angekommen rief er seiner Mutter zu:

»Sieh, was ich dir mitgebracht habe.«

Die Harfe begann eine fröhliche Melodie zu spielen, worauf seine Mutter glücklich lächelte. Bald jedoch merkte Hans mit Entsetzen, daß die Bohnenstange unter einem schweren Gewicht erbebte. Der Riese stieg zur Erde herab!

»Versteck die Harfe und besorge mir eine Axt! Ich muß die Pflanze fällen«, sagte Hans. Schon konnten sie die großen Stiefel des Riesen erkennen, als die Pflanze mitsamt dem Riesen zu Boden krachte. Der Riese fiel über die nahe gelegenen Klippen und wurde niemals wieder gesehen.

Der verzaubernde Klang der Harfe heilte die Mutter von ihrer Traurigkeit. Und die Henne legte weiterhin goldene Eier. Hans hatte viel erlebt, seit er die Zauberbohnen angenommen hatte. Aber Dank seines Mutes und seiner Schlauheit wurden seine Mutter und er sehr glücklich.

RITTER BLAUBART

Vor langer Zeit lebte ein reicher mächtiger Ritter, den man Blaubart nannte. Er hatte diesen Namen bekommen, weil sein langer Rauschebart zuweilen blau schimmerte. Er war ein edler und zuvorkommender Mann. Doch da gab es eine Geschichte, die den Menschen Furcht einflößte . . .

Blaubart hatte schon viele Frauen gehabt, und allesamt waren sie jung, hübsch und anmutig gewesen. Doch seltsamerweise währte das Eheglück nie sehr lange, denn eine nach der anderen verstarb urplötzlich. So kam es, daß der edle Ritter sich immer wieder aufs neue vermählte.

»Herr«, fragte ihn dann und wann jemand, »woran sind denn deine Frauen gestorben?«

Und darauf antwortete Blaubart stets: »Tja, mein Freund! Ich habe kein Glück und auch meine unglücklichen Frauen nicht!« Bald vermählte sich Blaubart erneut und brachte seine bezaubernde, schöne Braut in sein Schloß. Die kleine Schwester der neuen Schloßherrin begleitete sie ebenfalls, um ihr in einsamen Stunden Gesellschaft zu leisten.

»Was bist du nur für ein Glückspilz, daß du Blaubart heiraten durftest!« bemerkte sie fröhlich.

»Er ist wirklich sehr nett«, antwortete die Braut, »und von nahem sieht sein Bart gar nicht so blau aus, wie alle behaupten.« Die Ärmsten! Wenn sie wüßten!

Nur wenige Wochen nach seiner Vermählung entschloß sich Blaubart zu verreisen. »Liebes«, sagte er, »ich muß dich für einige Zeit allein lassen. Bitte, sieh im Schloß nach dem Rechten. Hier hast du die Schlüssel zu allen Räumen.« Dann zeigte er ihr einen besonders kleinen Schlüssel und erklärte: »Dieser Schlüssel öffnet die Tür am Ende des Flures. Du darfst jedes Zimmer betreten, bis auf eben dieses! Denn niemand außer mir darf dieses Zimmer betreten.«

»Mach dir keine Sorgen, lieber Ehemann, denn ich werde tun, was du sagst.«

So vergingen die Tage und das junge Mädchen vergnügte sich damit, ihre Freunde in ihrem neuen Zuhause willkommen zu heißen. Zuweilen führte sie ihre Gäste im Schloß herum und zeigte ihnen alle Zimmer – bis auf das eine.

»Warum soll ich eigentlich dieses Zimmer nicht betreten?« fragte sie sich. Und das fragte sie sich so oft, daß schließlich die Neugierde siegte! Eines schönen Tages betrat sie das Zimmer doch. Aber welch ein Grauen überkam sie! Überall an den Wänden des Zimmers entdeckte sie die Leichen von Blaubarts verstorbenen Frauen.

Zu Tode geängstigt rannte sie aus dem Zimmer, wobei ihr der Schlüsselbund entglitt. Sie hob ihn auf, und hetzte mit klopfendem Herzen in ihr Zimmer. Sie lebte in einem Schloß des Todes! Das also war es, was Blaubarts anderen Frauen widerfahren war.

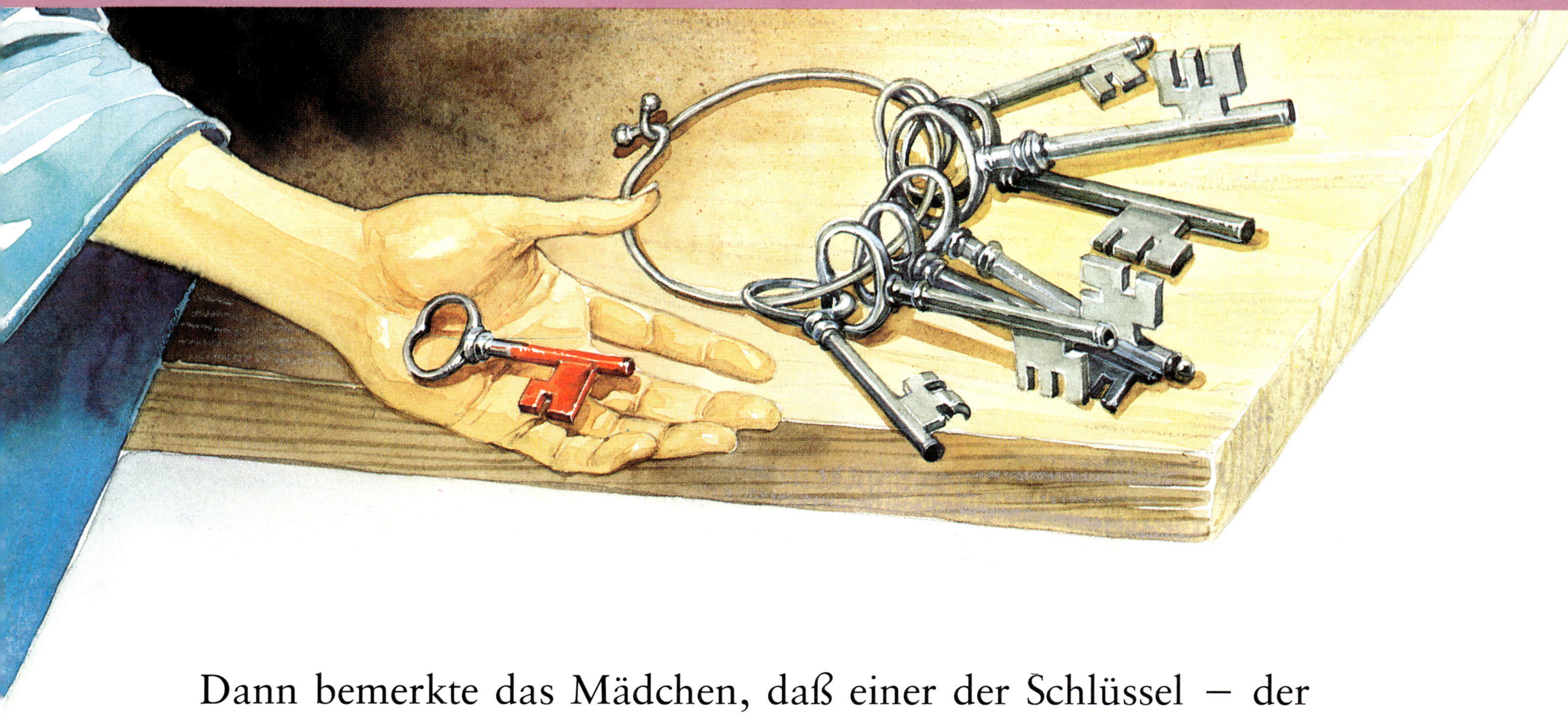

Dann bemerkte das Mädchen, daß einer der Schlüssel – der Schlüssel für den kleinen Raum – blutig war.

»Ich muß ihn saubermachen, bevor mein Gatte zurückkommt«, sagte sie sich. Doch so sehr sie sich bemühte, das Blut ließ sich nicht wegwaschen. Am selben Abend kam Blaubart nach Hause. Stellt euch vor, wie seiner armen Frau zumute war.

»Du wirkst ein wenig erregt, Liebling. Ist etwas Schlimmes passiert?« fragte er.

»O nein, ich bin froh, daß du zurück bist.« Doch in dieser Nacht machte die Braut kein Auge zu. Am nächsten Tag sagte Blaubart:

»Liebling, gib mir meine Schlüssel zurück«, und seine Frau beeilte sich, seinem Wunsch zu folgen. Da bemerkte Blaubart: »Einer fehlt! Der Schlüssel zu dem kleinen Raum.«

»Ich muß ihn in meinem Zimmer gelassen haben«, antwortete das Mädchen zitternd vor Angst.

»Gut, geh und hol ihn.« Doch als Blaubarts Frau ihm den Schlüssel übergab, schrie der Ritter vor Wut:

»Warum ist der Schlüssel blutig?«

»Ich weiß nicht . . .«, stotterte seine Frau.

»Du weißt es sehr gut«, brüllte er. »Du bist in den kleinen Raum gegangen. Oder etwa nicht? Also gut, du darfst ihn noch einmal betreten. Diesmal für immer. Genau wie die anderen Damen. Du mußt sterben!«

»O nein, ich flehe dich an.«

In diesem Augenblick klopfte es an die Tür und Anna, Blaubarts Schwägerin, betrat das Schloß.

Die junge Frau flüsterte ihm zu:

»Bitte, gib mir noch zehn Minuten zu leben!« – »Nicht mehr als zehn Minuten«, antwortete Blaubart.

Das Mädchen rannte zu seiner Schwester Anna, die auf einen der Türme geklettert war, und fragte sie:

»Anna, kannst du unsere Brüder kommen sehen, sie haben versprochen, mich heute zu besuchen.«

»Nein, ich sehe niemanden. Was ist los?« fragte Anna.

»Bitte, Anna«, sagte das Mädchen in seiner Not. »Schau noch mal! Bist du sicher, daß du niemanden sehen kannst?«
»Nein«, sagte die Schwester.
Da dröhnte Blaubarts Stimme zu ihnen herauf: »Frau, deine Zeit ist um, komm her!«
»Ich komme«, rief sie zurück. Dann wandte sie sich an ihre Schwester. »Oh, Anna, kommen unsere Brüder wirklich nicht . . .?«
»Nein«, antwortete Anna.
»Komm sofort herunter!« brüllte Blaubart.
Zitternd wie Espenlaub stieg seine Frau die Treppen hinab. Blaubart hielt ein großes Messer in der Hand!
»Schwester, komm, ich sehe zwei Reiter!« rief Anna vom Turm herunter.
»Sie werden ebenfalls sterben!« schrie Blaubart.
»Bitte, töte mich nicht! Nie werde ich einer Menschenseele erzählen, was ich gesehen habe«, bettelte seine Frau.
»Nein! Du mußt sterben!« antwortete er mit Entschlossenheit. Er war gerade im Begriff, das Messer an den Hals des Mädchens zu legen, als die Brüder in den Raum stürmten.

Sie zogen ihre Schwerter, sprangen auf Blaubart zu und töteten ihn. Das war das Ende der traurigen Geschichte. Die armen Frauen des Ritters bekamen ein anständiges Begräbnis und nachdem einige Zeit vergangen war, heiratete die junge Witwe einen guten, edlen, jungen Mann, der ihr half, dieses schreckliche Abenteuer zu vergessen.

Buch 4

Hans und die Bohnenstange

Ritter Blaubart

DIE GROSSE MÄRCHEN-SCHATZTRUHE

II

Buch 5

TORMONT

Es war einmal...

... ein besonders kleiner Zinnsoldat, der, obwohl er aus Zinn gemacht war, ein Herz besaß und auch Gefühle. Dies ist seine außergewöhnliche Geschichte.

Der Zinnsoldat

Es war einmal ein kleiner Junge, der hatte eine Menge Spielzeug. Er verbrachte viele glückliche Stunden damit, mit ihnen zu spielen. Sein Lieblingsspiel war die Schlacht der Zinnsoldaten.

Einer dieser Zinnsoldaten hatte, warum auch immer, nur ein Bein. Der Junge setzte diesen kleinen Soldaten immer in vorderster Front ein, da er ihn als einen der mutigsten Zinnsoldaten bewunderte. Was das Kind nicht wußte, war, daß nachts die Spielzeuge zum Leben erwachten und miteinander sprachen.

Oft geschah es, daß der kleine Junge beim Aufräumen der Soldaten, den kleinen Zinnsoldaten ohne Bein vergaß und ihn inmitten der anderen Spielsachen liegenließ. Dadurch lernte der kleine Zinnsoldat eine wunderschöne Zinnballerina kennen.

Die beiden wurden gute Freunde, und sehr bald verliebte sich der kleine Soldat in die Ballerina. Aber er fand nie den Mut, ihr seine Liebe zu gestehen. Wenn das Kind mit den Soldaten spielte und ihn in vorderster Front einsetzte, hoffte der kleine Soldat stets, die kleine Ballerina würde bemerken, wie mutig er war. Am Abend, wenn sie den Soldaten fragte, ob er Angst gehabt habe, so antwortete er stolz: »Nein!«.

Eines Nachts sagte der Springteufel aus der Kiste, der den kleinen Soldaten gern ein wenig ärgerte: »Hey, du, schau doch die Ballerina nicht so an.« Doch die Ballerina besänftigte ihn:

»Hör nicht auf ihn, er ist nur eifersüchtig. Ich bin froh um deine Gesellschaft.« Die beiden Figürchen waren beide viel zu schüchtern, um über ihre Liebe zu sprechen.

Doch eines Tages wurden sie getrennt. Der Junge nahm den kleinen Zinnsoldaten und setzte ihn aufs Fensterbrett.

»Du bleibst hier und hältst nach den Feinden Ausschau!« entschied er. Dann spielte er im Zimmer mit den anderen Soldaten.

Nach einer Weile zog ein Sturm auf und schüttelte die Fenster. Der kleine Soldat fiel kopfüber vom Fensterbrett und blieb mit dem Bajonett im Boden stecken. Es regnete in Strömen, und sehr bald bildeten sich überall Pfützen.

Der Sturm verzog sich so schnell, wie er gekommen war, und zwei Buben kamen nach draußen, um zu spielen. Sie vergnügten sich gerade damit, über die Pfützen zu springen, als einer von ihnen den kleinen Zinnsoldaten bemerkte, der im Schlamm steckte. Er hob ihn auf und steckte ihn in die Tasche.

Auf der anderen Straßenseite floß der Rinnstein über, und trug auf seinen Wellen ein Papierboot mit sich.

»Laß uns doch den kleinen Soldaten ins Boot setzen und einen kleinen Seemann aus ihm machen«, sagte der Junge zu seinem Freund. Und so wurde der kleine Soldat ein Matrose.

Das tosende Rinnsal floß in den Abwasserkanal und das kleine Boot wurde in die Kanalisation befördert, die in den Fluß mündete. Dort unten war es dunkel und schlammig. Große Ratten bleckten ihre Zähne, als das kleine Boot mit seinem Passagier vorbeizog. Langsam drang Wasser in das Boot ein, und es drohte unterzugehen. Plötzlich kenterte das kleine Boot und wurde von hohen Wellen verschlungen.

Der kleine Zinnsoldat erkannte, daß sein Ende nahe war. Nachdem das Papierboot Schiffbruch erlitten hatte, versank er im tiefen Wasser.

»Niemals mehr werde ich meine liebe, kleine Ballerina wiedersehen«, sagte er sich traurig. Plötzlich wurde der kleine Zinnsoldat von einem riesigen Maul verschlungen.

Er fand sich im Bauch eines großen Fisches wieder. Der Fisch jedoch hatte keine Zeit, die Mahlzeit zu verdauen. Denn kurz nachdem er den Soldaten verschlungen hatte, verfing er sich im Netz eines Fischers. So endete der Fisch in einem großen Korb und wurde zum Markt gebracht.

Mittlerweile war eine Köchin auf dem Weg zum Markt. Sie arbeitete in dem Haus, aus dem der kleine Zinnsoldat stammte.

»Dieser Fisch wird ein tolles Abendessen für unsere Gäste abgeben«, sagte die Köchin beim Anblick des großen Fisches. Sie kaufte ihn und nahm ihn mit nach Hause. Als die Köchin den Bauch des Fisches aufschnitt, um ihn zu säubern, fand sie den kleinen Zinnsoldaten.

Sie brachte ihn zu dem kleinen Jungen.

»Ich frage mich, wie er in den Bauch des Fisches kam? Armer Soldat! Wer weiß, was er durchmachen mußte.« Der kleine Junge setzte den Soldaten auf den Kaminsims, gleich neben die Ballerina.

Der kleine Soldat und die Ballerina waren überglücklich über ihr neuerliches Beisammensein. Des Nachts sprachen sie über das, was sich während ihrer Trennung ereignet hatte. Doch das Schicksal bereitete den beiden noch eine weitere Überraschung.

Denn bald wehte ein plötzlicher Windstoß die kleine Ballerina von ihrem Platz und sie fiel in die Feuerstelle. Als der kleine Soldat seine Freundin fallen sah, bekam er große Angst. Das Feuer ist nämlich der größte Feind der Figuren, weil es Metall schmelzen läßt.

Durch Vor- und Zurückrücken auf seinem einzelnen Bein, versuchte der kleine Soldat, seinen Sockel nach vorne zu bewegen. Er strengte sich so sehr an, daß er schlußendlich auch ins Feuer fiel. Die beiden Figuren waren in ihrem Unglück wieder vereint. Sie waren so eng zusammengekommen, daß ihre metallenen Sockel miteinander verschmolzen. Und wunderbarerweise schmolzen die beiden Sockel in Form eines Herzens zusammen.

In diesem Augenblick lief der kleine Junge am Kamin vorbei, sah die beiden kleinen Figuren im Feuer und kickte sie schnell mit dem Fuß heraus.

Seither sind der Soldat und die Ballerina für immer glücklich vereint auf ihrem gemeinsamen Sockel, der wie ein Herz geformt ist.

Der Löwe zieht in den Krieg

Es war einmal ein Löwe, der wollte in den Krieg ziehen. Er versammelte seine Minister um sich und befahl allen Tieren im Wald, vor ihm anzutreten.

Des Löwen Untertanen erschienen sogleich und der Löwe erteilte die Befehle: »Elefant, du bist der größte! Du wirst die Kanonen und die gesamten Vorräte tragen. Du, Fuchs, bist sehr schlau. Daher wirst du mir dabei helfen, den Schlachtplan zu entwerfen. Du, Affe, der du flink und geschickt auf die Bäume kletterst, wirst Ausschau halten. Du, Bär, du bist stark und behende, deshalb wirst du die Befestigungen erklimmen und die Feinde das Fürchten lehren.«

Unter den Anwesenden befanden sich auch ein Hase und ein Esel. Als die Minister des Königs sie sahen, schüttelten sie ihre Köpfe und einer sprach: »Mein Gebieter, ich glaube kaum, daß der Esel einen guten Soldaten abgeben wird. Er ist so leicht zu erschrecken.«

Der Löwe betrachtete den Esel und erwiderte: »Er schreit lauter, als ich zu brüllen vermag. Er wird das Horn sein, mit dem ich die Truppen zusammenziehen werde.«

Da äußerten sich die Minister herablassend über den Hasen: »Er ist sogar noch schreckhafter als der Esel!«

Darauf trat der Löwe zu dem Hasen hin und sprach: »Du lerntest, schneller zu sein als andere, um zu überleben. Deshalb wirst du mein Bote sein.«

Dann sprach er, indem er sich an die Menge wandte: »Ein jeder kann sich in Zeiten der Not nützlich machen. Jeder ist in der Gemeinschaft unentbehrlich, wenn er das tut, was er am besten kann!«

DIE ABENTEUER DES DÄUMLINGS

Es war einmal ein Riese, der hatte Streit mit einem Zauberer. Da drohte der Riese dem Zauberer:

»Ich könnte dich unter meinen Daumen zermalmen, wenn ich es wollte! Mach, daß du fortkommst!« Der Zauberer sauste davon, doch aus sicherer Entfernung sprach er einen fürchterlichen Fluch aus:

»Abrakadabra! Möge dein Sohn, den deine Frau dir bald schenken wird, nie größer werden als dein Daumen!«

Nachdem der Däumling geboren war, konnten seine Eltern ihn nie finden, weil er kaum zu sehen war. Däumling zog es vor, mit den kleinen Gestalten im Garten beisammen zu sein, anstatt mit seinen Eltern. Klein wie er war, hatte er großen Spaß in der Welt der kleinen Dinge.

Doch eines unglücklichen Tages beschloß er, seinen Freund, den Frosch, zu besuchen. Er war gerade auf ein Blatt gekrabbelt, als ihn ein großer Hecht verschlang.

Wenig später wurde der Fisch von einem Fischer des Königs gefangen und fand sich bald darauf unter dem Messer des Kochs in der königlichen Küche wieder. Zu jedermanns Überraschung tauchte Däumling im Bauch des Fisches auf.

»Was soll ich nur mit diesem Winzling anfangen?« fragte sich der Koch. Dann hatte er einen Geistesblitz: »Er kann königlicher Page werden. Er ist so winzig, daß ich ihn auf die Schloßtorte setzen kann, die ich gerade backe. Wenn er dann über die Zugbrücke laufen wird und dabei die Trompete bläst, werden alle aus dem Staunen nicht mehr herauskommen.« Selbstverständlich waren der König und seine Gäste über den Einfall des Kochs begeistert. So wurde Däumling zum Pagen und erfreute sich aller Ehren seiner Stellung.

Er besaß eine weiße Maus als Pferd, eine goldene Nadel als Schwert und das Recht auf königliches Essen. Als Gegenleistung marschierte er während des Banketts auf und ab und amüsierte die Gäste mit seiner Fanfare.

Was Däumling nicht wußte, war, daß er sich einen Feind gemacht hatte: die Katze, die bis zu Däumlings Ankunft des Königs Schoßtier war. Sie war nun vergessen! Auf Rache sinnend, versuchte sie, Däumling im Garten anzugreifen. Als Däumling die Katze sah, zog er seine goldene Nadel und befahl der Maus: »Zum Angriff! Angriff!« Durch das kleine Schwert bedroht, machte die Katze kehrt und floh. Die Katze beschloß, es mit etwas anderem zu versuchen.

Sie täuschte ein zufälliges Zusammentreffen mit dem König vor, als dieser eben die Treppe hinunterlief und miaute sanft:

»Mein Gebieter, seid auf der Hut. Däumling hat vor, Euch zu vergiften! Ich sah ihn kürzlich im Garten Pilze sammeln. Dabei murmelte er etwas davon, Euch ein Omelett backen zu wollen.«

Sogleich ließ der König nach Däumling suchen. Die Giftpilze wurden unter dem Sattel der Maus gefunden, wo die Katze sie versteckt hatte.

Däumling war so überrascht, daß er keine Worte fand. Der König ließ ihn ohne Umschweife ins Gefängnis werfen. Und da er so winzig war, wurde er in eine Pendeluhr gesperrt. Die Stunden und Tage zogen sich dahin. Däumlings einzige Unterhaltung war das Hin- und Herschwingen am Pendel der Uhr. Eines Nachts kam ein dicker Nachtfalter in den Raum geflattert.

»Hilf mir heraus«, flehte Däumling, an das Uhrglas klopfend. Der Nachtfalter hatte Mitleid und befreite ihn.

»Ich nehme dich mit in das Königreich der Schmetterlinge, in dem ist jeder so klein wie du. Dort wird man sich um dich kümmern.« Und so geschah es. Bis zum heutigen Tag kann man, kommt man in das Reich der Schmetterlinge, das Schmetterlingsdenkmal bewundern, das Däumling nach seinem unglaublichen Abenteuer dort errichtete.

DAS PFERD UND DER ESEL

Es war einmal ein alter Bauer, der hatte ein Pferd und einen Esel. Er mochte beide gern. Doch er nahm mehr Rücksicht auf das Pferd als auf den Esel. Obwohl beide Tiere Säcke zum Markt tragen mußten. Im Laufe der Zeit wurde das Pferd immer stärker, während der Esel immer dünner und schwächer wurde. Eines Tages, auf dem Weg zum Markt, stöhnte der Esel:

»Ich bin so schwach, daß ich nicht mehr laufen kann. Kannst du mich nicht ein wenig von meiner Last befreien?«

Als das Pferd dies hörte, blickte es den Esel geringschätzig an und sagte: »Unser Herr gab dir diese schwerere Last, weil unser Herr weiß, daß Esel Lastentiere sind.«

So stolperte der arme Esel weiter. Er mußte jedoch bald wieder anhalten.

»Bitte, hilf mir oder ich werde den Markt niemals lebend erreichen!« Aber das Pferd entgegnete: »Dummes Zeug! Komm schon! Du wirst es dieses Mal auch wieder schaffen!«

Doch nach wenigen Schritten brach der Esel tot zusammen. Als der Herr das Tier fallen sah, kam er schnell angerannt.

»Armes Ding«, sagte er, »viele Jahre diente er mir so gut, seine Last muß viel zu schwer gewesen sein.«

Dann wandte er sich an das Pferd: »Komm her! Du mußt nun auch seine Last tragen!« Und er packte all die Säcke auf den Rücken des Pferdes.

»Ich hätte besser daran getan, dem Esel zu helfen, als er noch lebte«, sagte sich das Pferd. »Ein wenig mehr Gewicht hätte mir nicht geschadet. Jetzt werde ich womöglich unter dem doppelten Gewicht zusammenbrechen.« Doch die späte Reue machte ihm die Last nicht leichter.

Buch 5

Der Zinnsoldat

Der Löwe zieht in den Krieg

Die Abenteuer des Däumlings

Das Pferd und der Esel